25 Avril 1912

margin P

VENTE
Du Jeudi 25 Avril 1912
HOTEL DROUOT, SALLE N° 6
A DEUX HEURES ET DEMIE

COLLECTION DE MADAME Vve HALAIN

TABLEAUX ANCIENS

Aquarelles, Pastels, Dessins

ESTAMPES DU XVIIIe SIÈCLE

COMMISSAIRE-PRISEUR
Me Henri BAUDOIN
Successeur de M. Paul CHEVALLIER

EXPERT
M. Georges SORTAIS, Peintre

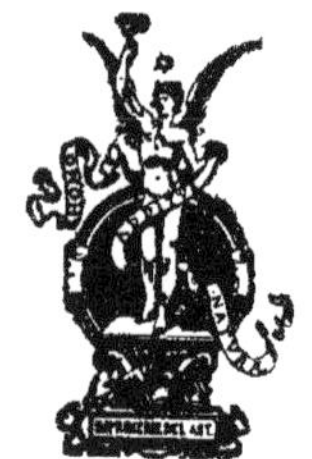

CATALOGUE

DES

Tableaux Anciens

Par :

JEAURAT, J.-B. MONNOYER, SCHALL, D. TIEPOLO, ETC.

AQUARELLES, PASTELS, DESSINS

Par :

AUBRY, BACLER D'ALBE, BOUCHER, CASANOVA, DANLOUX,
GOLTZIUS, GREUZE, E. LAMBERT,
LECLERC DES GOBELINS, MAD. LEMAIRE, LE PRINCE, MALLET,
MOREAU LE JEUNE, NICOLE, SWEBACH, J. VERNET,
VIEN, DE WAILLY, ETC.

ESTAMPES DU XVIIIe SIÈCLE

EN COULEURS ET EN NOIR

Provenant de la Collection de Madame Vve HALAIN

ET DONT LA VENTE AURA LIEU A PARIS

HOTEL DROUOT, SALLE No 6

LE JEUDI 25 AVRIL 1912

à deux heures et demie

COMMISSAIRE-PRISEUR

Me HENRI BAUDOIN, *Successeur de M. PAUL CHEVALLIER*

10, rue de la Grange-Batelière

ASSISTÉ DE

M. GEORGES SORTAIS, PEINTRE

EXPERT PRÈS LE TRIBUNAL CIVIL, 11, rue Scribe, PARIS

EXPOSITION PUBLIQUE

Le Mercredi 24 Avril 1912, de 1 h. 1/2 à 6 h.

CONDITIONS DE LA VENTE

Elle sera faite au comptant.

Les adjudicataires paieront *dix pour cent* en plus du prix d'adjudication.

L'exposition mettant le public à même de se rendre compte de l'état et de la nature des objets, aucune réclamation ne sera admise une fois l'adjudication prononcée.

Paris. — Imp. de l'Art. Ch. Berger, 41, rue de la Victoire

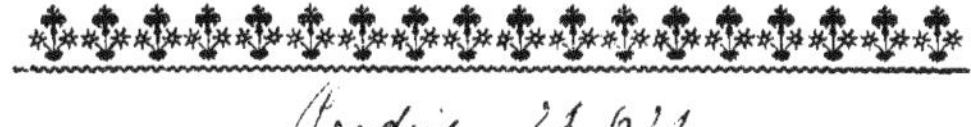

Vendu 28 6 11

DÉSIGNATION

GRAVURES

ALIX ET MORET

(D'après DEMARNE)

1 — *La Promenade du soir.*

100 Épreuve en couleur.
Marge.

BARTOLOZZI

(D'après BANBURY)

2 — *La Fille punie.*

Épreuve en couleur de forme ronde.

BARTOLOZZI

(D'après BANBURY)

3 — *Réprimande maternelle.*

Épreuve en couleur, forme ronde.
Cadre doré.

BARTOLOZZI

(D'après CIPRIANI)

4-5 — *Psyché going to dress.*

— *Psyché going to bathe.*

Deux épreuves en couleur. Ovales.

BONNET

(D'après HUET)

6 — *La Bergère satisfaite.*

Épreuve en couleur en mauvais état.

BONNET

(D'après HUET)

7 — *Sujets divers.*

Trois pièces en couleurs.

CARESMES

8 — *Satyre et Bacchante.*

Épreuve en couleurs.

DAMBRUN

(D'après GUÉVERDO)

9 — *Le Repos.*

Épreuve en noir.

DAMBRUN

(D'après GUEVERDO)

10-11 — *Les Presents d'amour.*

— *Amants.*

Épreuves en noir.
Deux pendants.

DEBUCOURT

(D'après VERNET)

12-13 — *Route du Marché.*

— *Les Chevaux de bateau.*

Deux épreuves en couleurs.

DEMARTEAU

(D'après LE PRINCE)

14 — *Bouquetière russe.*

Gravure à la sanguine.

DUHAMEL

(D'après DESRAIS)

15-16 — Deux gravures en couleurs.

ÉCOLE ANGLAISE

17-18 — *Cécilia overhear'd by Young Delvile.*

— *Cecilia's first interview Mrs Belfield.*

Deux épreuves en couleurs. Ovales.

ÉCOLE ANGLAISE

19 — *Jeune Paysanne et deux enfants.*

Gravure en couleur au pointillé.

ÉCOLE FLAMANDE

20 — *Récréation et Libertinage champêtres.*

Gravure en couleur.

ÉCOLE FRANÇAISE

(XVIIIe siècle)

21-22 — *Le Colin-Maillard.*

— *La Balançoire.*

Deux gravures en noir.
Deux cadres en bois sculptés et dorés.

ÉCOLE FRANÇAISE

(Fin du XVIIIe siècle)

23 — *La Danse des nymphes.*

ÉCOLE FRANÇAISE

(Commencement du XIXe siècle)

24 — *L'Amour.*

Gravure en noir.

ÉCOLE FRANÇAISE

(XVIIIe siècle)

25 — *Bacchus et Armide.*

Épreuve en couleur.
Cadre ovale, bois sculpté et doré.

FAIRLAND

(T.)

(D'après TURNER)

26 — *La Chasse à courre.*

Lithographie en couleur.

GIRARD

(D'après)

27 — *Le Plaisir interrompu.*

Gravure en couleur, ovale.

HARDING

(D'après DELATTRE)

28 — *Les Fiançailles.*

Épreuve en couleur, forme ronde.
Cadre doré.

HARDING

(D'après DELATTRE)

29 — *La Récompense méritée.*

Épreuve en couleur, forme ronde.
Cadre doré.

HUNT

(D'après TURNER)

30 — *La Chasse à courre.*

Suite de quatre sujets, épreuves en couleur.
Grandes marges.

HUNT

(D'après POLLARD)

31 — *Saint-Albans, Grand Steeple-chase.*

Deux sujets en couleur.
Marges.

JANINET

(D'après FREUDEBERG)

32 — *La Confiance enfantine.*

Epreuve en couleur.

JANINET

(D'après FREUDEBERG)

33 — *La Crainte enfantine.*

Epreuve en couleur.

JANINET

(D'après OSTADE)

34 — *Les Joueurs de tric-trac.*

Epreuve en couleur.

JANINET

35 — *La Danse de village.*

Epreuve en couleur.
Signée en bas à droite.

JANINET

(D'après RUBENS)

36 — *Portrait d'Henri IV.*

Gravure en couleurs.

JUBIER

(D'après HUET)

37 — *Offrande à l'amitié.*

Epreuve en couleur.

MASSARD

(JULES)

(D'après VIGÉE-LEBRUN)

38 — *Madame Vigée-Lebrun et sa fille.*

Gravure en noir.

MOREAU LE JEUNE

(D'après)

39 — *La Cueillette des cerises.*

Gravure en noir.

SURUGUE

(D'après DE LARGILLIERRE)

40 — *Portrait d'Etienne-François Geoffroy.*
Epreuve en noir.

WOLFF

(D'après HUET)

41 — *L'Innocence reçoit de l'amour deux colombes, pour exemple de douceur et de fidélité.*
Epreuve en couleur.

WOLFF

(D'après HUET)

42 — *L'Amour dévoile les yeux de l'innocence et lui montre l'amitié de deux tourterelles.*
Epreuve en couleurs.

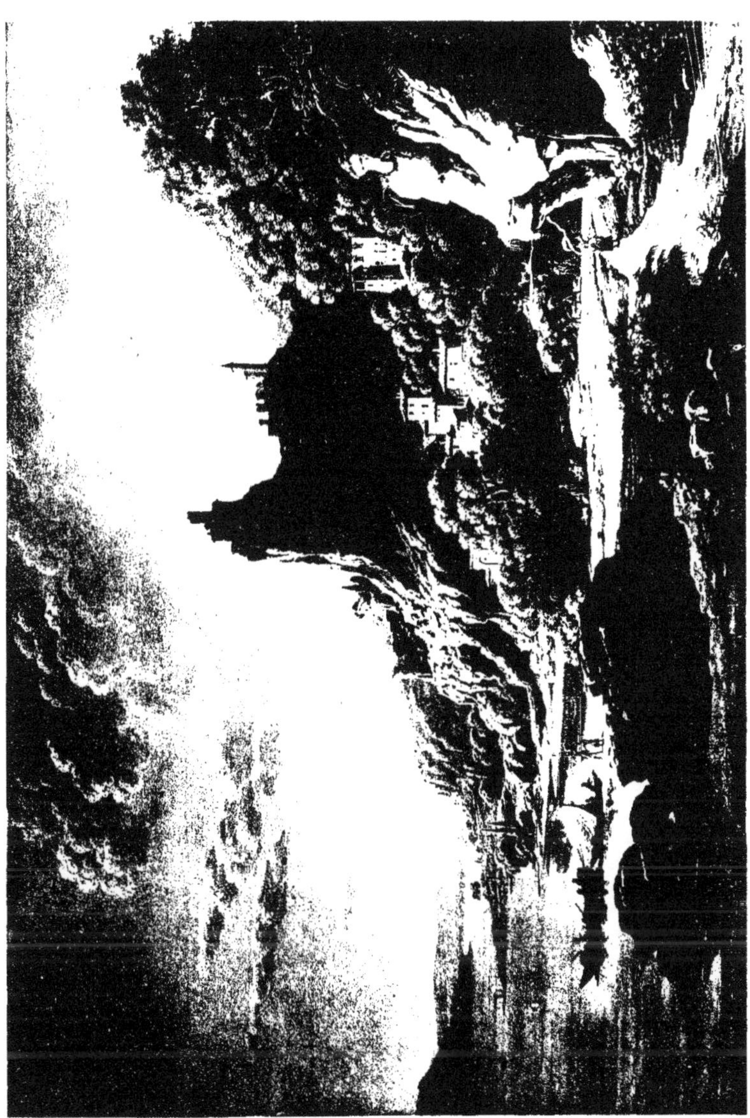

PASTELS, GOUACHES

DESSINS

AUBRY

43 — *Jeune Femme, montrant derrière sa toilette, à un jeune galant, l'image du Christ.*

Sépia.

Haut., 25 cent.; larg., 15 cent.

BACLER D'ALBE

44 — *Les Bords du Rhin.*

Château à pic sur des rochers, effet de soleil. Aquarelle.

Haut., 38 cent.; larg., 54 cent.

Signée et datée : *1795.*

BERGHEM

45 — *Jeune Mère et ses deux enfants.*

Dessin à la sanguine.

Haut., 30 cent.; larg., 20 cent.

BOUCHER
(FRANÇOIS)

46 — *La Balançoire.*

Dessin à la sanguine, repris à la sépia.

Haut., 24 cent.; larg. 27 cent.

BOUILLAT

47 — *Coquelicots rouge et blanc.*

Gouache.

Haut., 23 cent.; larg., 25 cent.

Signée et datée en bas à gauche : *Bouillat, 1786.*

BOUILLAT

48 — *Branche de pivoines rose et saumon.*

Gouache.

Haut., 23 cent.; larg., 25 cent

Signée et datée en bas à droite : *Bouillat, 1786.*

BOUILLAT

49 — *Tige de passe rose.*

Gouache.

Haut., 35 cent.; larg., 30 cent.

Signée et datée en bas à gauche.

CASANOVA

50 — *Le Départ pour la chasse.*

Important dessin à l'encre de Chine, rehaussé de gouache.

Haut., 37 cent.; larg., 71 cent.

Pendant du suivant.
Cadre Louis XVI en bois sculpté et doré.

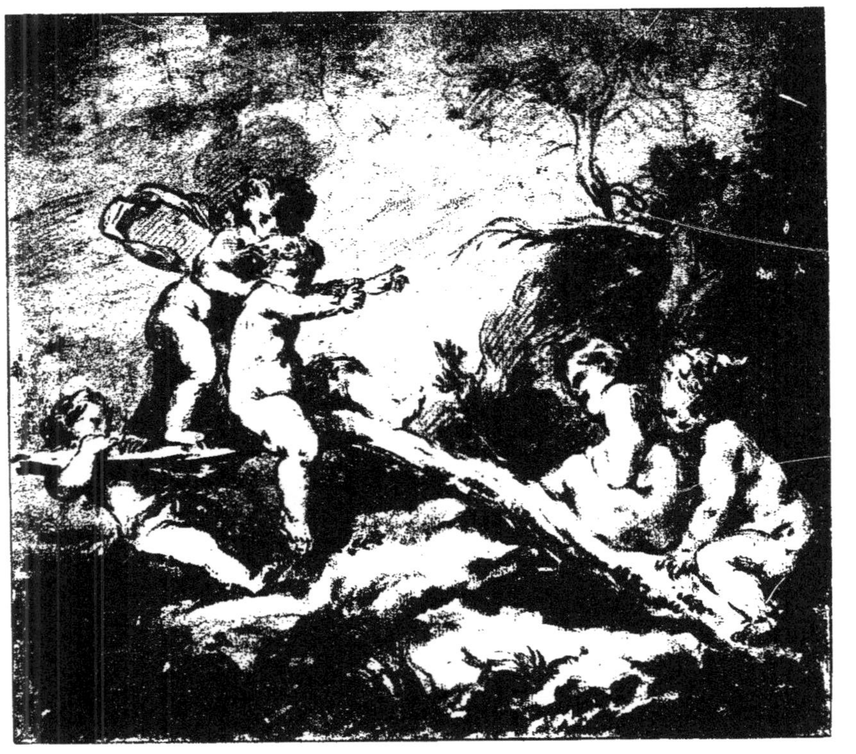

CASANOVA

51 — *La Halte de chasse.*

Important dessin à l'encre de Chine, rehaussé de gouache.

Haut., 37 cent.; larg., 71 cent.

Pendant du précédent.
Cadre Louis XVI en bois sculpté et doré.

COURTOIS

52 — *Buste de Jeune Femme.*

Sanguine.

Haut., 28 cent.; larg., 22 cent.

Signée et datée : *Courtois 1791.*

DANLOUX (J.-L.)

53 — *Portrait de Femme.*

Une jeune femme, coiffée d'une toque relevée, vêtue d'une robe décolletée, s'est assise sur le banc d'un parc, le bras gauche appuyé sur un rocher ; un petit chien cherche à monter sur ses genoux.

Important dessin à la pierre noire, rehaussé de blanc.

Ovale.

Haut., 56 cent.; larg., 46 cent.

DORÉ
(GUSTAVE)

54 — *La Misère.*

Dessin pour la gravure sur bois.

ÉCOLE FLAMANDE

(XVIIe siècle)

55 — *Portrait d'un Jeune Garçon.*

Dessin à la pierre noire.

Haut., 41 cent ; larg., 34 cent.

ÉCOLE FLAMANDE

(XVIIIe siècle)

56 — *Paysans assis près de leur chaumière.*

Dessin à la sépia rehaussé.

Haut , 28 cent.; larg., 37 cent.

Cadre Louis XIII en bois sculpté.

ÉCOLE FRANÇAISE

(XVIIIe siècle)

57 — *L'Exhortation d'un pâtre gardant ses troupeaux.*

Sanguine.

Haut., 25 cent.; larg., 32 cent.

ÉCOLE FRANÇAISE

(XVIIe siècle)

58 — *Combat d'Amazones.*

Gouache.

Haut., 22 cent.; larg., 36 cent.

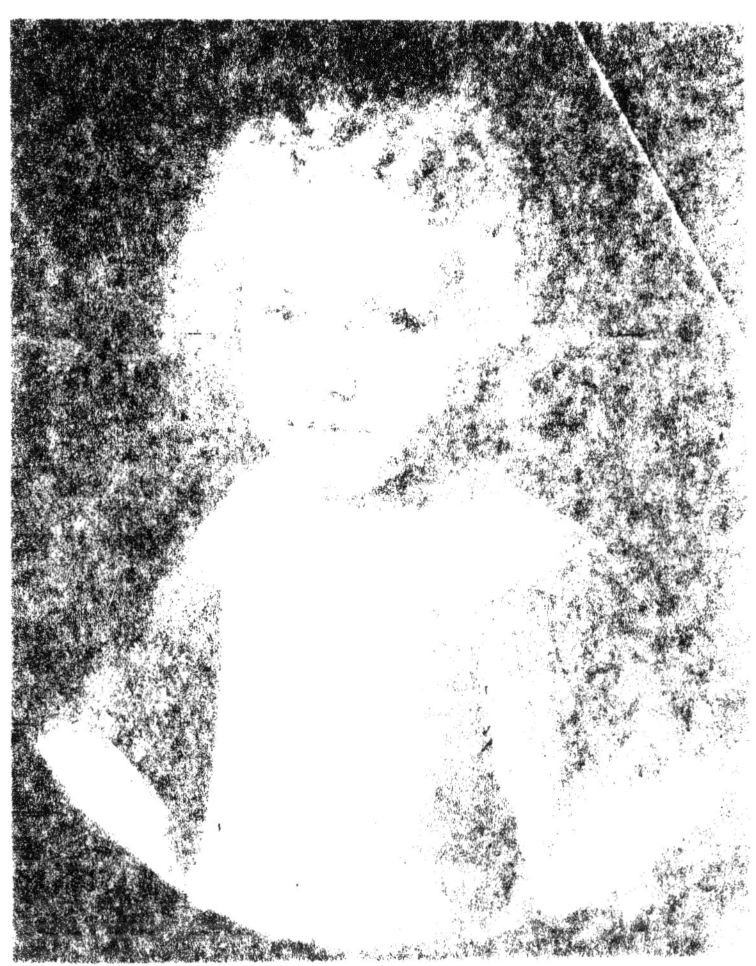

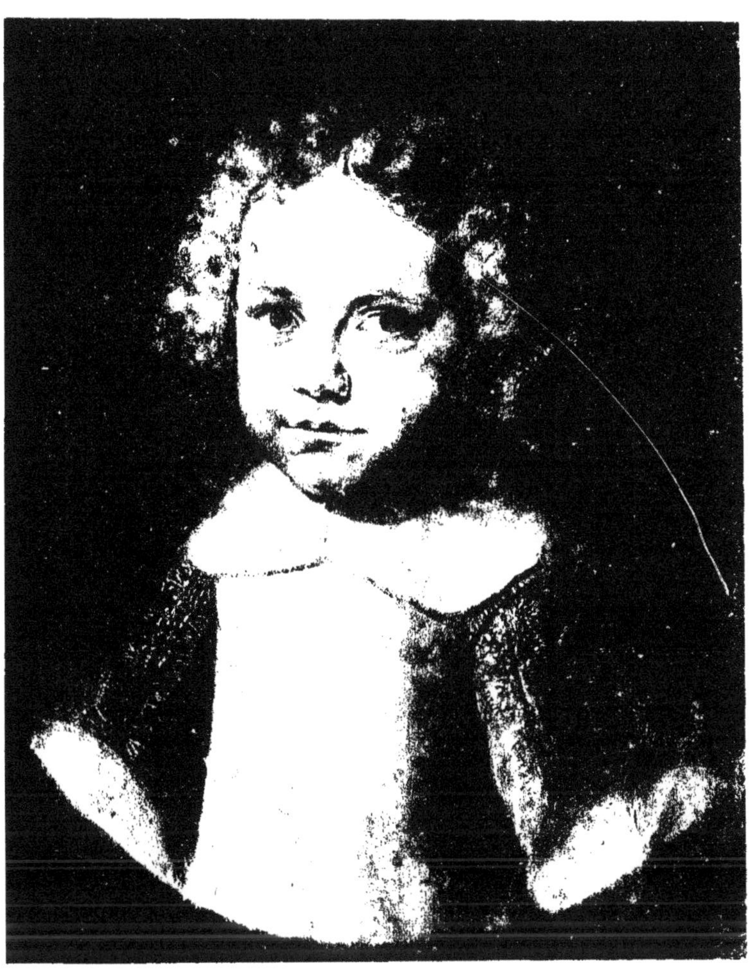

55

ÉCOLE FRANÇAISE

(XVIIe siècle)

59 — *Les Plaisirs de l'été dans un parc.*

Gouache.

Haut., 26 cent.; larg., 43 cent.

Éventail en forme de tableau.
Cadre Louis XIV en bois sculpté et doré.

ÉCOLE FRANÇAISE

(XVIIe siècle)

60 — *Repas d'une maîtresse du Roi.*

Gouache.

Haut., 26 cent.; larg., 43 cent.

Éventail en forme de tableau.
Cadre Louis XVI en bois sculpté et doré.
Pendant du suivant.

ÉCOLE FRANÇAISE

(XVIIIe siècle)

61 — *Les Bords d'un lac.*

Gouache.

Haut., 39 cent.; larg., 53 cent.

FORT

(SIMON)

62 — *Pêcheurs sur un rocher près d'une cascade.*

Aquarelle signée et datée, en bas à droite : *Simon Fort, 1829.*

Haut., 20 cent.; larg., 14 cent.

GOLTZIUS
(HENRI)

63 — *La Royauté.*

Dessin au crayon noir rehaussé de blanc.

Haut., 46 cent.; larg., 32 cent.

GREUZE
(JEAN-BAPTISTE)

64 — *Tête de Callirhoé.*

Préparation au pastel.

Haut., 42 cent.; larg., 31 cent.

Cadre Louis XVI en bois sculpté et doré.

HOUBRAKEN

65 — *Portrait de David Bailly.*

— *Portrait de Otto Marcellis.*

— *Portrait de Karel Dujardin.*

— *Portrait d'Ovens.*

— *Portrait de David Vandeplaens.*

— *Portrait de Femme.*

Six dessins à la sanguine.

JEAURAT
(ETIENNE)

66 — *Les Cris de Paris : La Marchande de poisson.*

Dessin à la pierre noire rehaussé.

Haut., 28 cent ; larg., 21 cent.

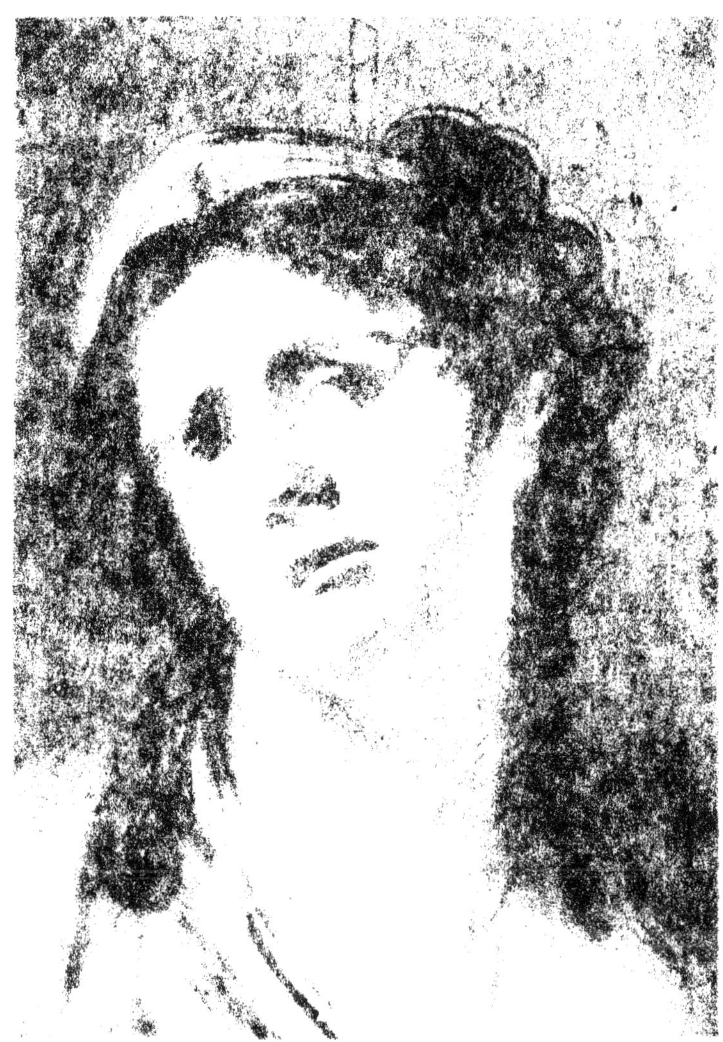

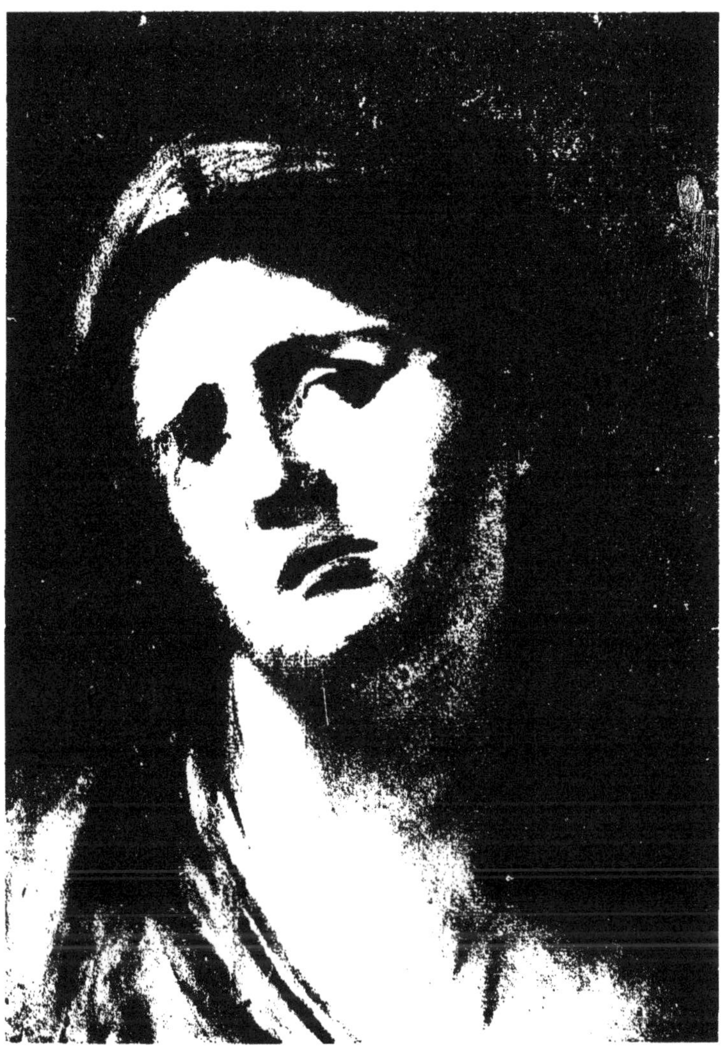

LABET

67 — *Vue d'un paysage italien.*

Dessin à la pierre noire rehaussé.
Signé à gauche.

Haut., 28 cent.; larg., 42 cent.

Cadre Louis XVI en bois sculpté et doré.

LAMBERT
(EUGÈNE)

68 — *Chatte et sa nichée.*

Dessin au crayon noir.
Signé en bas à droite.

LE BLANT

69 — *Jeune Militaire exhorté.*

Dessin à l'encre de Chine.

Haut. 17 cent.; larg : 25 cent.

Signé en bas à gauche.

LECLERC DES GOBELINS

70 — *Le Couronnement de Diane.*

Dessin rehaussé d'aquarelle.

Haut. 20 cent.; larg., 27 cent.

LE COMTE
(HIPPOLYTE)

71 — *Le Cheval d'une diligence attaqué par des brigands.*

Aquarelle.

Haut., 26 cent.; larg., 39 cent.

Signée en bas au milieu.
Pendant du suivant.

LE COMTE
(HIPPOLYTE)

72 — *L'Attaque de la diligence.*

Aquarelle.

Haut., 26 cent.; larg., 39 cent.

Signée en bas au milieu.
Pendant du précédent.

LEMAIRE
(MADELEINE)

73 — *Œillets roses et chèvre-feuille dans une corbeille d'osier.*

Aquarelle.

Haut., 25 cent.; larg., 36 cent.

Signée en bas à droite.

LE PRINCE
(J.-B.)

74 — *Un Cabaret au milieu de ruines.*

Dessin à la sépia non terminé.

Haut., 17 cent.; larg., 30 cent.

Cadre Louis XVI en bois sculpté et doré.

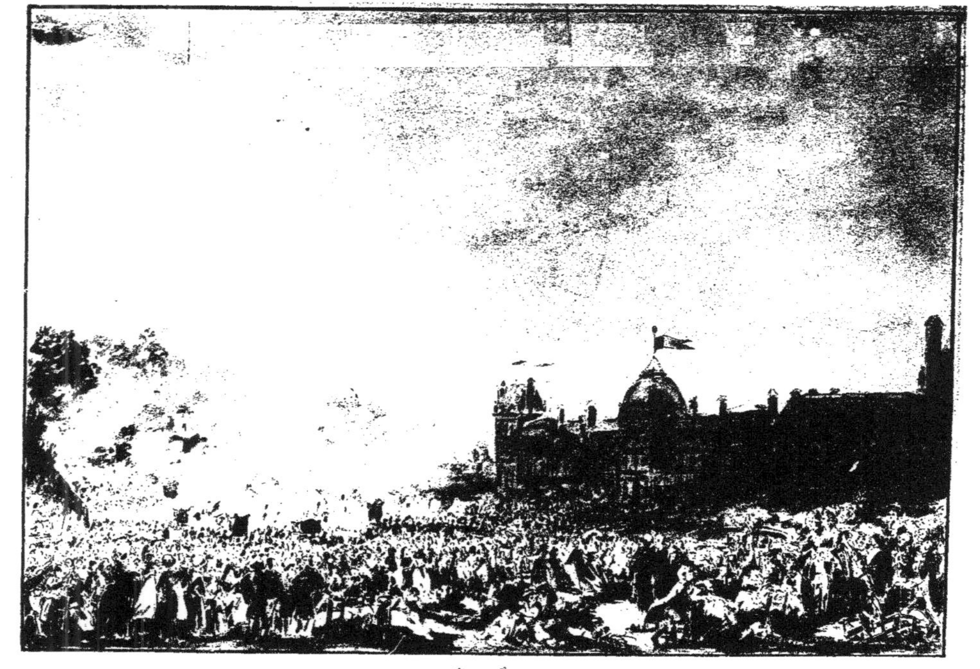

Pompe funèbre en l'honneur des Martyrs de la journée du 10,
dans le Jardin National le 26 Aout 1792.

LE PRINCE
(J.-B.)

75 — *Paysage.*

Deux pêcheurs causent sur un tertre, près d'une rivière, dans un paysage à terrain découvert; à gauche, l'orée d'un bois.

Toile ovale.

Haut., 45 cent.; larg., 38 cent.

LE PRINCE
(JEAN-BAPTISTE)

76 — *La Pêcheuse à la ligne.*

Une jeune femme sous les traits d'une Chinoise pêche à la ligne, tandis qu'un enfant sous les mêmes traits met un poisson dans un panier.

Dessin à la pierre noire.

Haut., 24 cent.; larg., 18 cent.

MALLET

77 — *Buste de Jeune Femme, des pampres dans la chevelure.*

Dessin à la mine de plomb.

Ovale.

Haut., 22 cent.; larg., 16 cent.

MONNET

78 — *Pompe funèbre en l'honneur des martyrs de la journée du 10, dans le Jardin National le 26 août 1792.*

Aquarelle.

Haut., 32 cent.; larg., 42 cent.

MOREAU LE JEUNE

79 — *Les Coquettes.*

Une jeune femme assise fait des nœuds à un chapeau posé sur une table, tandis qu'une soubrette arrange sa chevelure.

Dessin à la pierre noire.

Haut., 39 cent.; larg., 25 cent.

Cadre Louis XVI en bois sculpté et doré.

NERO

80 — *Tête de Jeune Bacchante.*

Mine de plomb.
Ovale.

Haut., 15 cent ; larg., 12 cent.

NICOLE

81 — *Vue de l'arc de Septime-Sévère.*

Dessin aquarellé.

Haut., 27 cent.; larg., 17 cent.

Signé en bas à droite.

NICOLE

82 — *Les Faubourgs de Rome.*

Dessin aquarellé.

Haut., 27 cent.; larg., 17 cent.

Signé en bas à droite.

NICOLE

(École de)

83 — *Monument de Pompéï, avec encadrement de figures et d'arabesques.*

Gouache.

Haut., 11 cent.; larg., 19 cent.

Cadre Louis XVI en bois sculpté et doré.

POUSSIN

(D'après)

84 — *Scène de l'Histoire romaine.*

Gouache du XVIIe siècle.

Haut., 31 cent.; larg., 24 cent.

Cadre Louis XIV en bois sculpté et doré.

ROZIÈRE

85 — *Apologie de la Révolution.*

Sépia.

Haut., 40 cent.; larg., 50 cent.

SWEBACH

(Dit DES FONTAINES)

86 — *Laitière se rendant au marché.*

Dessin à la sépia.

Haut., 14 cent.; larg., 23 cent.

TROYON

87 — *Le Petit Gardeur de chèvres.*

Sépia.

Haut., 31 cent.; larg., 28 cent.

Signée en bas à gauche.
Cadre Louis XVI en bois sculpté et doré.

VERNET

(JOSEPH)

88 — *Le Pêcheur entreprenant.*

Dessin à la sépia, rehaussé de gouache.
Ovale.

Haut., 40 cent.; larg., 32 cent.

VERNET

(JOSEPH)

89 — *La Bourrasque.*

Des bateliers cherchent à atterrir près des rochers balayés par des vagues.
Gouache.

Haut., 38 cent.; larg., 54 cent.

VERNET

(Attribué à JOSEPH)

90 — *Pêcheurs aux bords d'une rivière près des rochers.*

Aquarelle.

Haut., 25 cent.; larg., 38 cent.

Cadre Louis XVI en bois sculpté et doré.

VIEN
(JOSEPH)

91 — *La Renommée.*

Important dessin à la pierre noire rehaussé.

Haut., 54 cent.; larg., 37 cent.

Cadre Louis XVI en bois sculpté et doré.

WAILLY
(DE)

92 — *Colonnade d'un temple en ruine.*

Dessin rehaussé d'aquarelle.

Haut., 13 1/2 cent.; larg., 20 cent.

Cadre Louis XIV en bois sculpté et doré.

TABLEAUX

BAUDOUIN

(D'après ANTOINE)

93 — *Le Bain.*

Copie ancienne.
Cuivre.

Haut., 27 cent.; larg., 21 cent.

COYPEL

(École d'ANTOINE)

94 — *Triomphe de Galatée.*

Esquisse
Toile.

Haut., 25 cent.; larg., 33 cent.

Cadre Louis XIV en bois sculpté et doré.

ÉCOLE FRANÇAISE

(XVIIIe siècle)

95 — *Pêcheur et son fils se dirigeant vers un lac dans un paysage.*

Haut., 24 cent.; larg., 36 cent

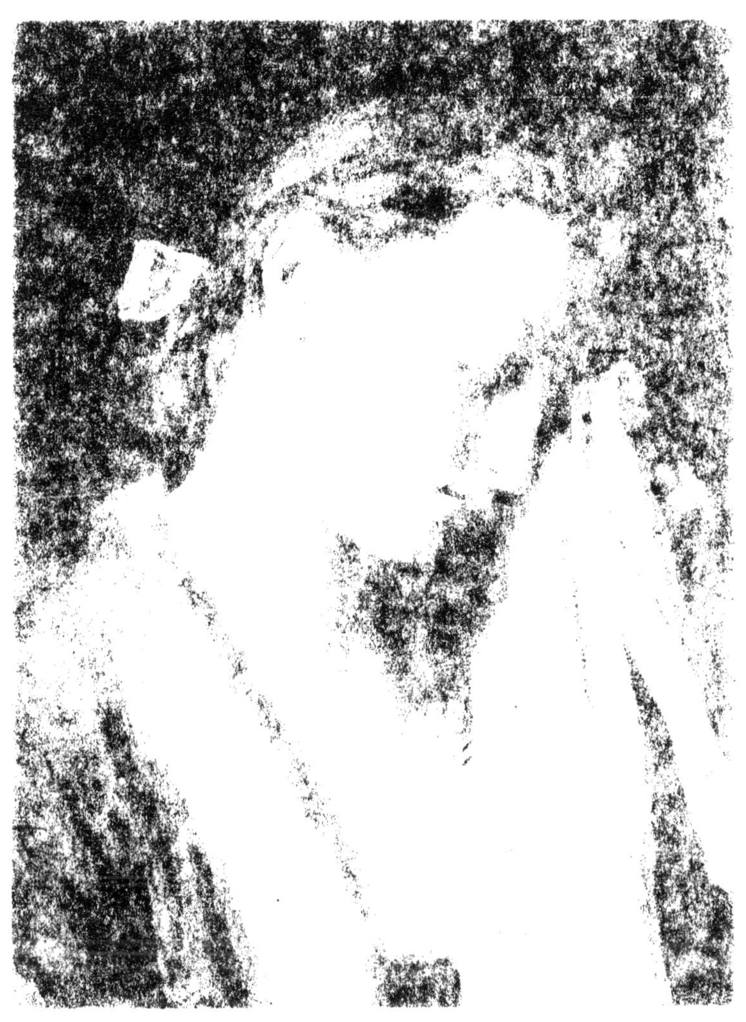

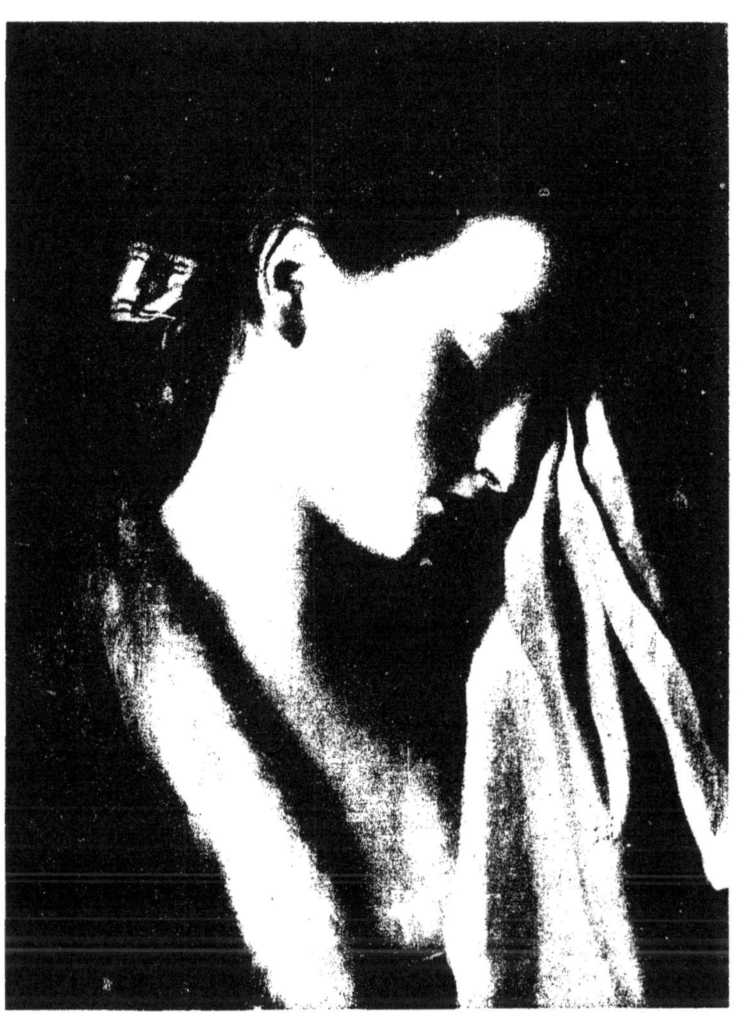

ÉCOLE FRANÇAISE

(XIXe siècle)

96 — *Armoiries impériales de France.*

Encadrées d'une guirlande de fleurs tricolores.
Peinture à la gouache, sur soie havane.

GREUZE

(École de J.-B.)

97 — *Portrait d'une Petite Fille.*

Vue en buste de trois quarts, elle porte un corsage décolleté de drap vert à revers rouge.

Toile.

Haut., 46 cent.; larg., 39 cent.

JEAURAT

(ÉTIENNE)

98 — *Petit chagrin.*

Une jeune fille à la chevelure blonde, vêtue d'un mantelet bleu garni de fourrure, s'essuie les yeux.

Toile.

Haut., 45 cent.; larg., 35 cent.

Cadre Louis XIII en bois sculpté et doré.

LAMPI

(Attribué à)

99 — *Portrait de la Grande Catherine.*

Vue à mi-corps de face, vêtue de satin blanc, elle porte le manteau impérial et le grand cordon.

Haut., 90 cent.; larg., 70 cent.

Cadre Louis XIV en bois sculpté et doré.

LANCRET

(D'après NICOLAS)

100 — *La Danse hongroise.*

Bois.

Haut., 37 cent.; larg., 29 cent.

MONNOYER

(JEAN-BAPTISTE)

101 — *Roses, tulipes et œillets.*

Dans un vase de cristal, posé sur un entablement de pierre.
Bois.

Haut., 42 cent.; larg. 29 cent.

Cadre Louis XVI en bois sculpté et doré.

MONNOYER

(JEAN-BAPTISTE)

102 — *Roses, anémones et volubilis.*

Dans un vase de cristal, sur un entablement de pierre.
Bois.

Haut., 42 cent.; larg., 29 cent.

Cadre Louis XVI en bois sculpté et doré.

SCHALL

103 — *Jeune Baigneuse.*

Une jeune femme assise sur sa robe jaune, à demi-nue, regarde si un indiscret ne la voit pas.
Bois.

Haut., 24 cent.; larg., 16 cent.

A été gravé par Aveline

TIEPOLO

(DOMINIQUE)

104 — *L'Enfant prodigue, gardant un porc au milieu de ruines.*

Bois.

Haut., 20 cent.; larg., 14 cent.

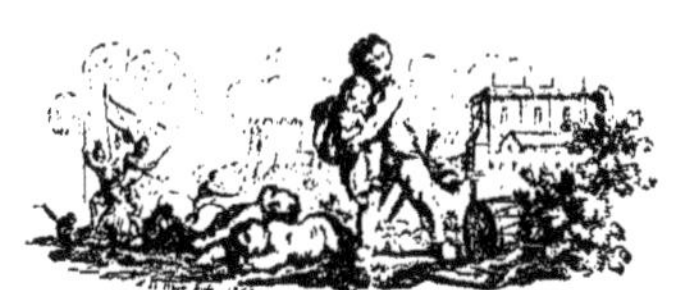

www.ingramcontent.com/pod-product-compliance
Ingram Content Group UK Ltd.
Pitfield, Milton Keynes, MK11 3LW, UK
UKHW020442180726
13839UKWH00004B/1573

9 782329 533469